ELVIS MOVIE SONG SEARCH

VOLUME 1: 1956 to 1963

How well do you know your Elvis movies?

Try the song search puzzles to test your knowledge.

When completing the search for the songs sung by Elvis in the movie:

- Ignore any punctuation in the song title so (Livin' is Livin).
- Ignore any brackets and words within them, so (Let Me Be Your) would be omitted from Teddy Bear.
- Be careful looking up songs using the soundtrack album listings as many contain additional songs not used in the movie.

The answers are provided at the back of the book.

Accompanying each puzzle is a set of movie facts providing information on the plot and general information related to the movie.

The movies are referenced in chronological order of their release date.

ELVIS MOVIE SONG SEARCH & FACTS

VOLUME 1: 1956 to 1963

Love Me Tender
Loving You
King Creole
Jailhouse Rock
G. I. Blues
Flaming Star / Wild in the Country
Blue Hawaii
Follow That Dream
Kid Galahad
Girls! Girls! Girls!
It Happened at the World's Fair
Fun In Acapulco

MOVIE SONG SEARCH

LOVE ME TENDER

w	s	g	h	t	u	t	d	c	l	s	g	y	l	a
y	e	d	n	e	g	o	a	x	y	t	n	q	a	u
f	l	r	c	i	a	e	g	o	l	u	i	l	n	d
x	i	u	e	o	t	r	b	i	p	t	d	o	g	i
m	k	s	u	g	j	r	i	b	x	t	e	v	u	o
m	s	i	t	u	o	r	r	n	y	e	e	e	a	l
g	l	m	l	o	b	n	k	w	g	r	f	m	g	o
x	d	o	p	e	y	e	n	p	f	d	e	e	e	g
i	e	s	w	a	l	l	o	a	i	n	g	t	e	i
y	r	a	r	e	t	l	e	t	m	e	p	e	c	s
d	m	h	i	r	d	e	j	z	y	o	p	n	i	t
p	g	p	e	x	c	h	u	a	a	x	v	d	o	i
s	p	s	h	j	f	s	d	x	q	j	v	e	v	n
s	l	p	q	w	o	t	i	a	c	x	d	r	t	s
t	l	m	k	a	w	a	a	c	n	e	s	s	e	q

MOVIE POSTER

LOVE ME TENDER

MOVIE FACTS

LOVE ME TENDER

Love Me Tender was made in 1956 and contained just four songs. Elvis wasn't too keen to sing in the movies and when he first auditioned for Hal Wallis of Paramount Studies, he took a straight acting test. The test included scenes from The Rainmaker, a proposed movie to star Burt Lancaster and Katharine Hepburn.

Wallis offered Elvis a contract however Elvis was introduced to the big screen by 20th Century Fox. The movie was originally to be titled The Reno Brothers but was renamed Love Me Tender when advanced orders for the single surpassed one million.

The movie is set at the end of the American Civil War. There is family conflict with the Reno's when older brother Vance Reno returns home to discover his one-time girlfriend Cathy has married the youngest of the three brothers, Clint. The family had been mistakenly informed that Vance had died during the war.

Vance is also in conflict with fellow confederate soldiers who had just robbed a train carrying a federal payroll not realising the war had ended. Vance wants to return the money whilst others want to keep it.

The conflict leads to a tragic shoot out.

Elvis famously learned not only all his lines but the lines of every other actor in the film for the first day of shooting.

The movie was released on November 15, 1956, and was number two on the highest grossing films list during the week of its release, behind Giant starring James Dean.

Elvis had concerns about the inclusion of the songs in the film. However, the title song, Love Me Tender became a US number one hit.

MOVIE SONG SEARCH

LOVING YOU

g	p	s	l	g	h	t	u	p	h	u	l	s	g	y	l	m	y
l	o	n	e	s	o	m	e	c	o	w	b	o	y	e	a	r	g
i	n	t	m	a	s	i	o	t	t	s	d	f	o	n	w	a	m
y	a	d	t	d	n	e	g	d	d	x	y	t	n	q	a	n	e
f	c	l	m	a	c	i	a	j	o	o	l	u	i	l	n	a	a
x	d	i	e	u	l	o	r	e	g	i	p	t	d	o	g	i	n
m	c	k	a	s	l	o	v	i	n	g	y	o	u	v	u	o	w
m	o	s	n	i	i	u	t	r	d	n	y	e	e	e	a	l	e
g	n	l	m	e	a	n	w	o	m	a	n	b	l	u	e	s	g
x	d	o	o	o	p	e	y	e	l	p	f	d	e	e	e	g	w
l	b	o	m	n	e	s	o	m	e	i	y	w	b	o	y	i	n
y	t	r	a	a	a	e	v	l	a	t	v	e	p	e	c	s	j
k	t	e	d	d	y	b	e	a	r	z	y	i	p	n	i	t	y
p	s	g	b	p	e	x	n	a	u	a	a	y	n	d	o	i	r
s	a	p	l	s	h	j	p	s	d	x	t	j	v	t	v	n	u
s	b	l	u	p	q	w	o	t	i	z	c	x	d	r	o	s	a
t	r	b	e	l	m	y	o	p	a	r	n	e	s	s	e	d	f
a	q	u	s	u	p	s	g	p	i	n	w	l	c	o	f	a	o

MOVIE POSTER

LOVING YOU

MOVIE FACTS

LOVING YOU

Loving You was made in 1957 and was the first movie made for Paramount Studios and Hal Wallis. It was also Elvis' first colour movie.

In the movie Elvis is a delivery boy, Deke Rivers, who is manipulated into joining a country band by their manager Glenda. Glenda embarks on a publicity campaign to launch Deke's career as a rock 'n' roll singer. She is highly manipulative and this creates conflict. This includes dealing with the cancellation of a concert by city councillors who are worried about the impact of rock 'n' roll. Deke gets put off by the situation and quits. Glenda has to persuade him to return.

It could be considered that the plot is semi-autobiographical as there are obvious parallels with Elvis' early career experiences.

This movie contains seven songs including one of his all-time signature hits, Teddy Bear. These featured on the A-side of a US and UK, number one soundtrack album that had other studio tracks from 1957 on the B-side.

For the final song performance Elvis' parents, Vernon and Gladys, can be observed in the audience. Gladys would be dead within a year. She is described as having a hard time coping with Elvis' fame and began to drink heavily, leading to hepatitis and heart failure. Her death is said to have had a profound impact on Elvis, and many believe that had she coped better with her son's fame and lived, Elvis may have lived longer too.

After his mother's death Elvis is reported to have never watched this movie again.

MOVIE SONG SEARCH

JAILHOUSE ROCK

g	p	s	l	v	h	t	u	p	s	u	l	s	k	y	l	m	y
t	r	n	e	t	o	n	e	c	y	w	b	c	y	e	f	r	g
i	n	t	m	a	s	i	o	t	o	s	d	f	o	n	w	a	e
y	a	d	j	a	i	l	h	o	u	s	e	r	o	c	k	c	e
f	c	l	m	a	c	i	a	j	n	o	l	u	i	l	i	a	a
x	d	i	q	u	l	o	r	e	g	i	p	t	d	n	g	i	n
m	c	k	d	o	n	t	l	e	a	v	e	m	e	n	o	w	k
r	o	s	u	a	i	u	t	r	n	n	y	m	u	e	a	l	e
o	n	l	m	e	y	n	w	o	d	a	t	b	l	u	e	w	g
x	s	n	o	o	p	e	y	e	b	a	f	d	e	k	e	g	w
k	i	w	a	n	t	t	o	b	e	f	r	e	e	o	y	i	n
y	t	r	j	a	a	e	v	r	a	t	v	e	p	e	c	s	j
k	t	e	n	i	y	b	t	a	u	z	y	i	p	n	i	t	f
p	s	g	b	p	e	x	n	a	t	a	a	y	n	d	o	i	r
s	a	p	l	s	b	a	b	y	i	d	o	n	t	c	a	r	e
s	b	l	u	p	q	w	o	t	f	z	c	x	d	r	o	s	e
t	r	b	e	l	m	y	o	p	u	r	n	e	s	s	e	d	f
a	q	j	s	u	i	s	g	p	l	n	w	l	r	o	f	k	o

MOVIE POSTER

JAILHOUSE ROCK

MOVIE FACTS

JAILHOUSE ROCK

Jailhouse Rock was made in 1957 for MGM.

Vince Everett is sent to jail for manslaughter after a bar brawl. His cell mate Hunk Houghton is a former country singer who teaches Vince the guitar and realises his potential. Hunk aims to take advantage of Vince.

When Vince is released, his initial attempts to establish a career in music fail, much to his annoyance. A chance meeting with a music publicist inspires him to visit a recording studio which identifies what the problem is. This helps Vince create his own style and ultimately go into partnership with Peggy Van Alden, the music publicist.

Vince is prone to being big headed. Although he helps his old cellmate out when he is released, Hunk is not appreciative of Vince's manner and conflict ensues, coming to a head when Vince decides he wants to sell the record company he founded with Peggy.

This movie features the classic dance routine for the title song choreographed by Elvis. Jailhouse Rock topped both the US and UK singles charts and is one of Elvis' all-time top selling singles.

Elvis' female co-star, Judy Tyler, who played Peggy Van Alden was killed in a car accident shortly after the film completed. Elvis is reported to have been so upset by this that he never saw the film or discussed it.

MOVIE SONG SEARCH

KING CREOLE

j	p	s	n	e	w	o	r	l	e	a	n	s	k	y	t	v	l	w	u	e
o	k	d	p	o	k	e	l	o	r	a	z	t	o	b	f	s	o	c	u	v
t	r	o	e	t	o	u	e	v	o	w	b	c	y	e	q	u	f	r	o	d
i	n	n	m	a	s	i	b	e	o	s	d	f	o	n	u	x	t	a	y	e
q	a	t	j	a	i	l	h	r	u	s	e	r	o	c	b	d	k	w	e	s
r	h	a	r	d	h	e	a	d	e	d	w	o	m	a	n	t	i	f	v	i
l	o	s	r	d	o	t	z	o	c	h	i	l	y	a	p	a	f	i	a	k
v	t	k	x	y	i	d	r	l	w	o	n	c	l	e	p	v	j	s	h	b
k	d	m	q	u	i	x	r	l	g	i	p	a	d	n	s	d	g	h	i	n
i	c	e	d	o	n	x	i	e	a	v	y	y	e	k	t	e	n	o	s	k
s	o	w	u	a	i	u	t	e	n	o	y	o	u	e	o	l	a	l	a	r
l	n	h	m	e	y	n	w	o	l	a	t	u	l	u	n	o	e	w	g	o
o	s	y	o	o	p	e	y	t	b	a	f	n	e	k	f	e	e	g	n	w
c	i	w	a	n	t	t	s	b	e	f	n	g	e	o	i	r	y	i	o	c
k	t	r	j	a	a	a	v	r	a	t	v	d	p	e	t	c	c	s	l	h
b	t	e	n	i	f	b	t	a	u	z	y	r	r	n	k	g	i	t	s	e
e	s	g	b	d	e	x	n	a	t	a	a	e	n	o	u	n	o	i	a	s
i	a	p	a	s	b	a	b	y	i	d	o	a	t	c	c	i	a	r	e	z
x	b	e	u	p	q	w	o	t	f	z	c	m	d	r	r	k	o	s	e	a
m	t	r	o	u	b	l	e	p	u	r	n	s	s	o	p	e	d	f	b
s	q	j	s	u	i	s	g	p	l	n	w	l	r	o	l	e	f	k	o	l

MOVIE POSTER

KING CREOLE

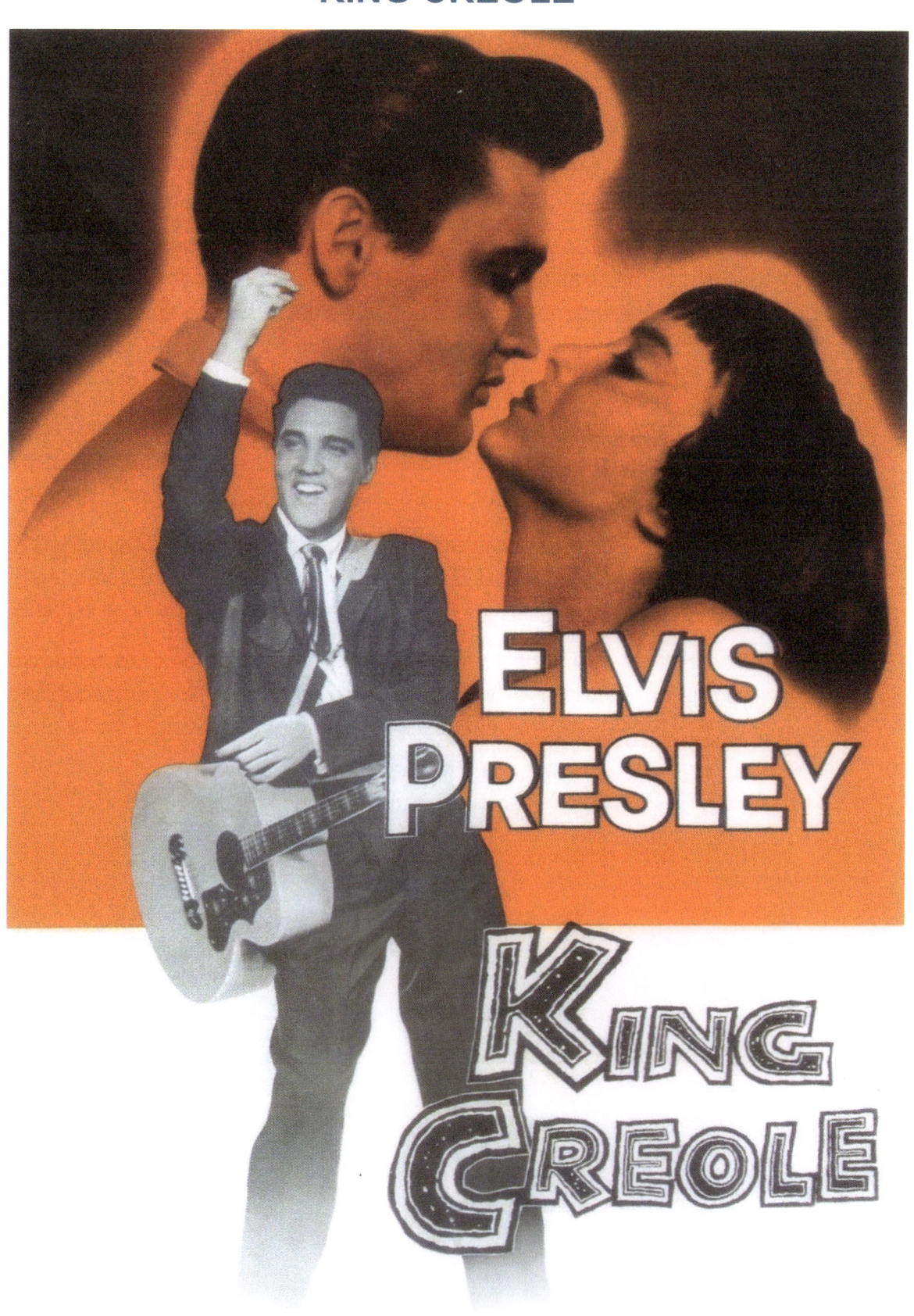

MOVIE FACTS

KING CREOLE

King Creole was Elvis' final movie before commencing military service in 1958 and is considered by many to be his best acting performance. Elvis also considered King Creole as his favourite.

The film has a strong supporting cast that includes Walter Matthau and Carolyn Jones. The director was Oscar winner Michael Curtiz whose films included Casablanca.

Curtiz was not sure about directing Elvis, however after a few conversations with Elvis he quickly changed his mind saying that Elvis shows formidable talent. The movie received good reviews from the likes of Billboard, Variety and The New York Times.

Elvis' draft into the US Army was delayed by sixty days to allow the movie to be completed.

King Creole is based on the 1952 Harold Robbins novel A Stone for Danny Fisher. Hal Wallis had obtained the film rights with James Dean in mind. After Dean's death, the lead character was re-imagined as a singer instead of a boxer.

Danny Fisher is a troubled youth struggling to graduate and working a series of jobs on Bourbon Street, New Orleans before and after school to help his family get by. One morning he has an altercation with some customers in Maxie Fields bar and rescues Maxie's mistress. Later Danny sings in Maxie's bar and is spotted by Maxie's rival Charlie LeGrand who offers him a singing job in his club. Maxie, however, is a dangerous gangster who does not like to lose out, so trouble follows.

The movie was accompanied by a top selling soundtrack album, that reached number one in the UK and two in the US. Two EP versions were released in the US, King Creole Vol 1 and King Creole Vol 2. Vol 1 was number one on the US EP charts for thirty weeks. The single Hard Headed Woman was also a US number one.

MOVIE SONG SEARCH

G. I. BLUES

f	p	s	n	i	w	o	r	l	b	l	c	s	k	y	t	j	l	w	u	e	k	t
o	r	d	p	p	k	e	l	o	r	a	z	t	o	b	f	s	o	c	u	v	a	o
t	r	a	w	o	o	d	e	n	h	e	a	r	t	e	q	u	f	d	o	d	n	n
i	n	n	c	s	i	b	e	o	s	d	f	o	n	u	x	n	o	y	e	p	i	
q	a	t	j	k	i	l	h	r	u	s	e	r	o	c	b	u	k	i	e	s	o	g
r	h	a	r	e	f	e	a	d	e	v	w	o	f	a	o	t	i	n	v	i	c	h
l	o	s	r	t	o	o	z	o	c	h	i	l	y	r	d	a	f	t	a	k	w	t
v	t	k	x	f	i	d	r	l	w	o	n	c	a	e	r	v	j	h	h	b	a	i
k	d	m	q	u	r	x	r	t	g	i	p	n	d	n	i	d	d	e	i	n	x	s
i	c	e	d	l	n	a	i	e	s	v	i	y	e	k	b	i	g	b	o	o	t	s
s	o	w	u	l	i	u	n	e	n	p	y	o	u	e	d	l	b	e	a	r	q	o
l	n	h	m	o	y	n	w	d	p	a	e	u	l	j	t	o	l	s	g	o	u	r
o	s	y	o	f	p	e	y	o	f	a	f	c	a	k	f	e	u	t	n	w	p	i
c	i	w	a	r	t	t	h	s	e	u	n	e	i	o	o	r	x	i	o	c	f	g
k	t	r	j	a	a	s	e	r	a	t	v	d	p	a	r	c	p	c	l	h	k	h
b	t	e	n	i	f	u	t	a	u	e	y	k	r	n	l	g	u	a	s	e	m	t
e	s	g	b	n	l	x	n	a	r	a	a	e	n	o	x	n	f	n	a	s	d	f
i	a	p	a	b	l	u	e	s	u	e	d	e	s	h	o	e	s	r	e	z	v	o
x	b	e	i	o	q	w	o	t	f	z	c	m	d	r	e	k	k	s	e	a	u	r
m	t	g	o	w	b	l	e	p	u	r	n	s	s	s	o	p	e	d	f	b	t	l
w	h	a	t	s	s	h	e	r	e	a	l	l	y	l	i	k	e	k	o	l	r	o
m	h	n	w	e	l	i	t	o	p	a	n	d	r	e	s	m	n	i	t	y	c	v
r	i	v	r	h	n	k	s	e	d	t	a	m	b	l	o	q	u	w	g	d	v	e

MOVIE POSTER

G. I. BLUES

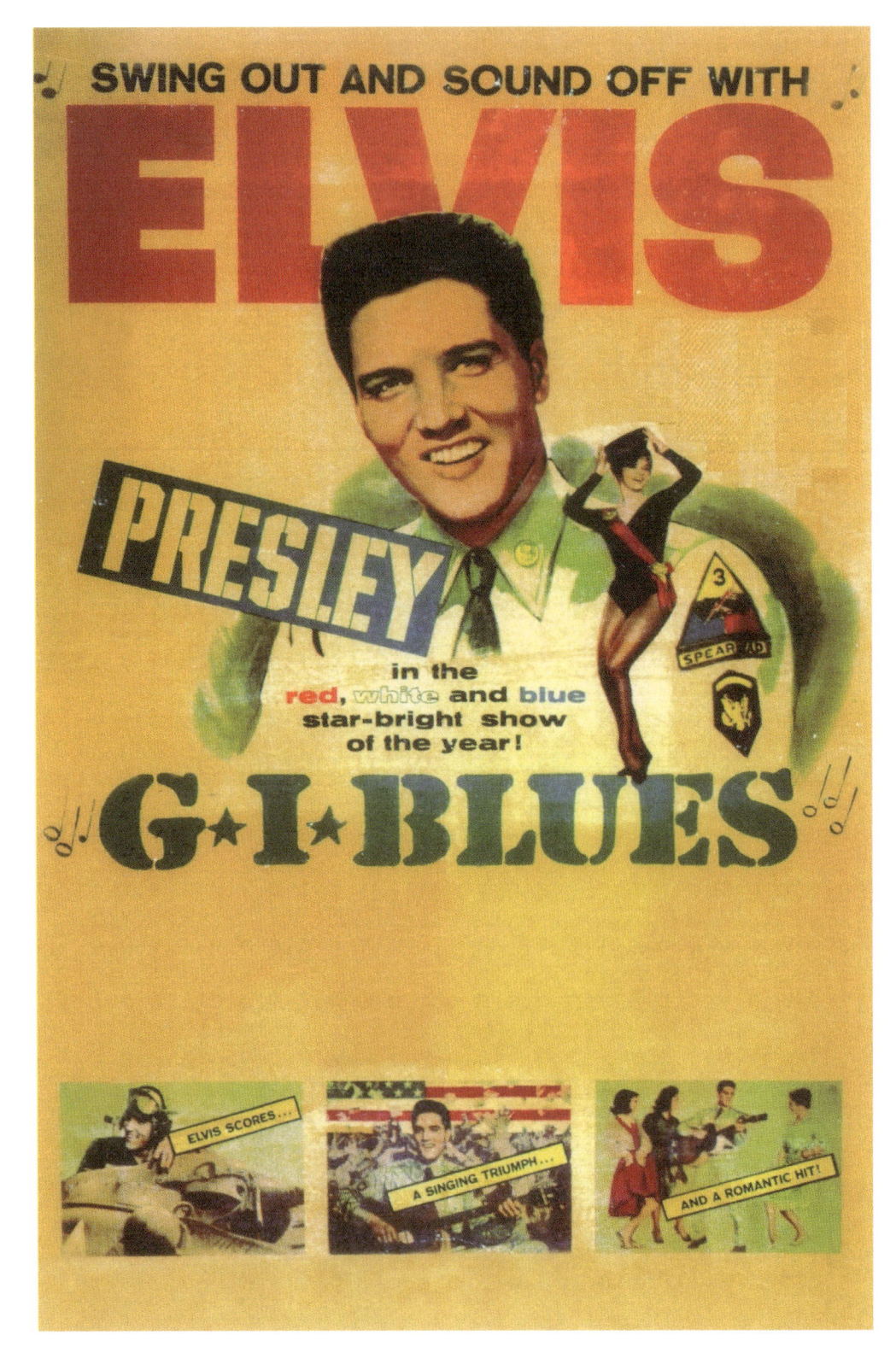

MOVIE FACTS

G. I. BLUES

Pre-production for G.I. Blues started in 1959 when Hall Wallis visited Elvis in Germany during his military service, although Elvis did not feature in any of the scenes shot there. Elvis began filming in April 1960, just over two years since he completed King Creole. Elvis had been out of the army for about a month.

Elvis was looking forward to resuming his movie career. Times had changed a little. Rock 'n' roll had lost some of the original fire. Elvis himself had changed musically and took an interest in recording more operatic ballads such as It's Now or Never and Surrender. On his return from the army, he appeared with Frank Sinatra on a Welcome Home Elvis special before returning to Hollywood.

Despite taking his own music in a different direction, Elvis hated both the movie and the songs. The softer image was very different from the rebellion of Jailhouse Rock and King Creole. Elvis would call Priscilla whom he had met in Germany, before his return to the US and complain saying that he felt like an idiot breaking into song whilst talking to some chick on a train. Despite this the soundtrack topped the album charts on both sides of the Atlantic and was nominated for two Grammy Awards, best soundtrack and best male vocal performance.

In the movie Elvis plays Specialist Tulsa McLean who plans to open a night club in America with two of his soldier buddies once their service ends. They need to raise money to secure the lease on the building they have identified. They get involved in a bet that Dynamite, another G.I. can manage to date Lili, a dancer in the Cafe Europa and spend the night with her. However, Dynamite is shipped to Alaska by his superiors because he has a bad reputation with German fathers. Tulsa takes his place. Tulsa takes the nice, clean, wholesome approach with some success until he backs out of the deal. Help is on hand from Rick's newborn son. When Tulsa gets into difficulties babysitting, he must call on Lili for help.

G.I. Blues marks the start of the Elvis formula movie.

MOVIE SONG SEARCH

FLAMING STAR / WILD IN THE COUNTRY

g	p	s	l	v	h	t	a	c	a	n	e	s	k	i	l	m	y
t	r	n	e	t	o	n	b	l	u	r	a	c	y	n	f	w	g
i	n	t	i	a	s	i	o	t	o	s	n	f	o	m	w	i	e
b	h	u	s	k	y	d	u	s	k	y	d	d	a	y	k	l	e
f	c	l	l	a	c	i	a	j	n	o	a	u	i	w	i	d	a
x	d	i	i	u	l	o	r	e	g	i	h	t	d	a	g	i	n
v	c	k	p	o	n	t	l	e	a	v	i	m	e	y	n	n	w
e	o	s	p	a	i	u	t	r	n	n	g	m	u	e	a	t	e
t	n	l	e	e	y	n	w	o	d	a	h	b	l	u	e	h	g
r	s	n	d	f	l	a	m	i	n	g	s	t	a	r	e	e	w
k	i	w	i	n	t	t	o	b	e	f	t	e	e	o	y	c	n
y	t	r	s	t	u	m	b	l	e	d	a	e	p	e	c	o	j
k	t	e	t	i	y	b	t	a	u	i	r	i	p	n	i	u	f
b	s	g	u	p	e	x	n	a	t	f	c	y	n	d	o	n	r
s	a	p	b	s	p	a	b	y	i	e	h	n	t	c	a	t	e
a	b	l	l	p	q	w	o	t	f	l	c	o	l	l	a	r	e
t	r	b	e	l	m	y	o	p	u	l	n	e	s	s	e	y	f
a	q	j	d	i	f	e	l	l	d	n	w	l	r	o	f	k	o

MOVIE POSTER

FLAMING STAR / WILD IN THE COUNTRY

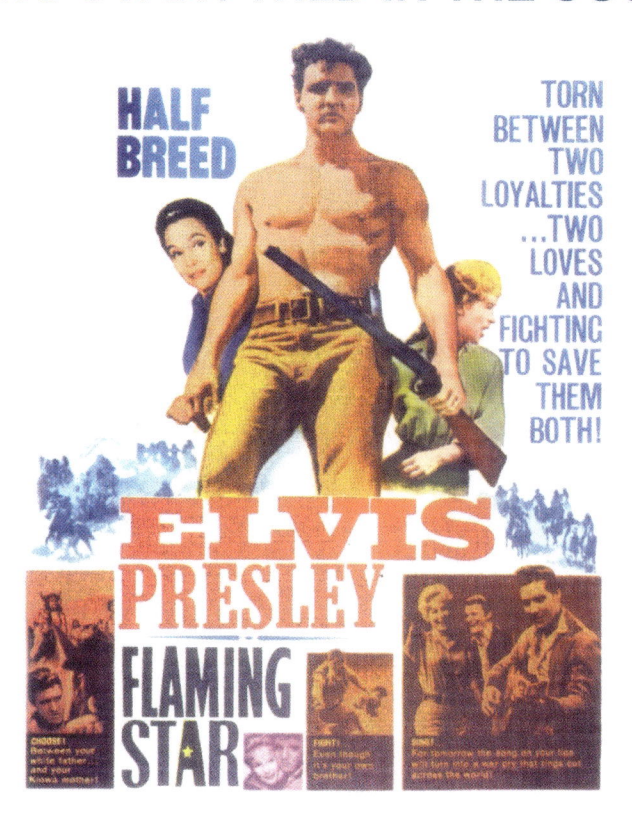

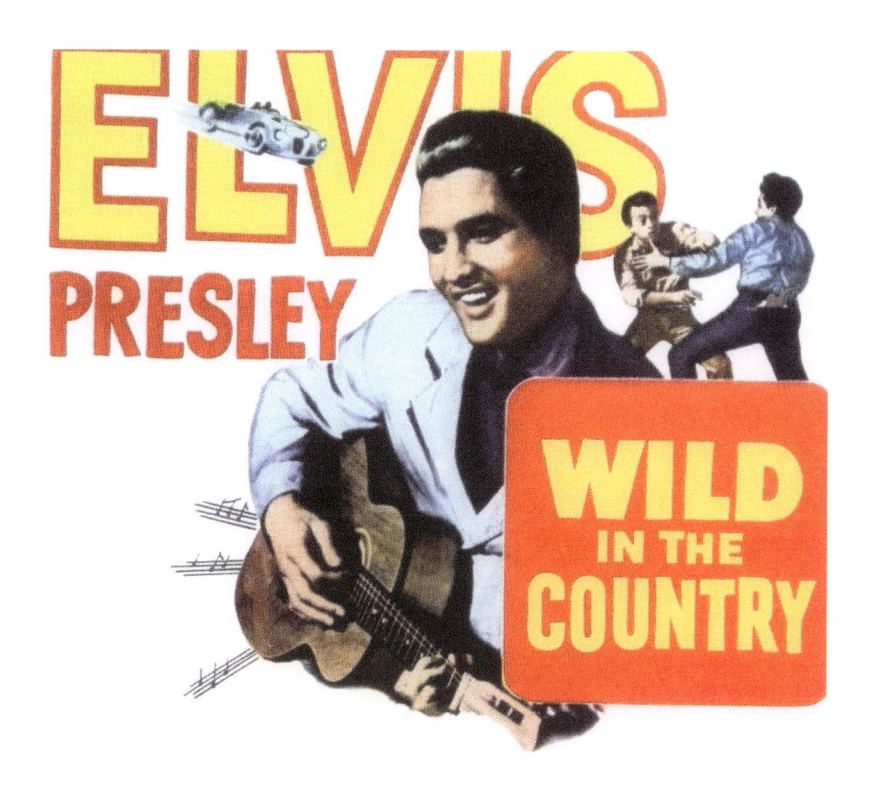

MOVIE FACTS

FLAMING STAR / WILD IN THE COUNTRY

Elvis' second movie of 1960, Flaming Star, was much to his enjoyment a dramatic western, with only two songs. He plays Pacer Burton, the son of a Kiowa mother and Texan father. There is conflict of interest when land is disputed between the Kiowa and the settlers.

Despite positive reviews Flaming Star was not nearly as successful as G. I. Blues. The primary reason for this is assumed to be the lack of music.

1961 began with another dramatic movie with limited songs, Wild in the Country. Elvis plays a troubled young man, Glenn Tyler, who ends up on probation after a fight with his brother. Glenn is accused of various crimes and of having an affair with his counsellor Irene Sperry. On the positive side Glenn shows potential as a writer and wants to fulfill his dream of going to college.

Like Flaming Star, it was not as big a success as G. I. Blues.

MOVIE SONG SEARCH

BLUE HAWAII

m	p	s	n	i	w	o	r	l	r	l	c	s	k	y	t	a	l	o	h	a	o	e
o	o	d	p	p	k	e	l	o	r	o	z	t	o	c	f	l	o	c	u	v	a	o
t	r	o	k	o	o	d	e	n	h	e	c	r	t	a	q	m	f	d	o	d	n	p
i	n	p	n	c	s	i	b	e	o	s	d	k	o	n	i	o	n	o	y	b	p	i
q	a	b	g	l	i	l	h	r	u	s	e	r	a	t	b	s	k	i	e	e	o	r
r	s	l	i	c	i	n	s	a	n	d	w	o	o	h	o	t	i	n	v	a	c	h
m	n	u	w	t	s	g	z	o	c	h	i	e	y	e	u	a	f	t	a	c	w	e
v	i	e	o	f	l	d	h	l	w	o	a	c	a	l	r	l	j	h	h	h	a	p
k	d	h	k	u	a	x	r	t	g	t	p	n	d	p	i	w	a	e	i	b	x	y
i	c	a	s	s	n	a	i	e	s	v	i	y	e	f	b	a	g	b	o	o	t	s
s	o	w	i	t	d	u	n	e	n	w	y	o	u	a	d	y	b	e	a	y	q	i
l	n	a	m	o	o	h	i	l	d	o	i	m	l	l	t	s	l	s	g	b	u	r
o	s	i	o	f	f	g	g	o	f	a	f	m	a	l	f	t	u	t	n	l	y	o
c	i	i	a	r	l	t	i	i	e	u	n	e	i	i	o	r	x	i	o	u	f	g
k	u	u	i	a	o	s	e	d	p	t	v	d	p	n	r	u	p	c	l	e	k	h
b	t	e	n	i	v	u	t	a	u	o	y	k	r	g	l	e	u	a	s	s	m	t
e	s	g	b	n	e	x	n	a	r	a	m	e	n	i	x	n	f	n	a	s	d	f
i	h	a	w	a	i	i	a	n	w	e	d	d	i	n	g	s	o	n	g	z	v	o
x	b	e	i	o	q	w	o	t	f	z	c	m	s	l	e	k	k	m	e	a	u	r
m	t	g	o	w	b	l	e	p	k	u	u	i	p	o	h	p	e	d	o	b	t	m
w	h	a	t	s	s	h	e	r	e	a	l	l	y	v	n	k	e	k	o	r	r	o
m	r	h	a	w	a	i	i	a	n	s	u	n	s	e	t	g	n	i	t	y	e	v
r	i	v	r	h	n	k	s	e	d	t	a	m	b	l	o	q	u	w	g	d	v	e

MOVIE POSTER

BLUE HAWAII

MOVIE FACTS

BLUE HAWAII

In 1961, Blue Hawaii was released, featuring fourteen songs including Can't Help Falling In Love. The soundtrack once again hit the top of the US and UK album charts.

Elvis plays Chad Gates who on return from two years in the army does not wish to follow his snobbish mother's wishes for him to join the board of the Great Southern Hawaiian Fruit Company like his father. So, he takes on the role of a tourist guide showing a group of girls and their teacher, Abigail Prentice, the joys of Hawaii. However, trouble comes in the form of Ellie Corbett who has a crush on Chad and tries to disrupt several of the outings. Chad's girlfriend, Maile, becomes jealous of Abigail who is always praising Chad.

Angela Lansbury plays Sarah Lee Gates, Chad's mother. Angela was nine years older than Elvis.

Before filming commenced, Elvis performed what was to be his last concert until returning to the stage at the end of the decade. On March 25, 1961, he performed at the 4000 capacity Bloch Arena, Pearl Harbor. Proceeds from the concert along with a personal donation from Elvis helped pay for the completion of the USS Arizona Memorial. The battleship had been sunk by the Japanese attack in 1941. Until the concert donations for the construction had stalled. The memorial was dedicated on May 30, 1962.

The combination of high box office returns and phenomenal record sales for Blue Hawaii sealed Elvis' fate in Hollywood. After the success of G. I. Blues followed by the relatively poor performance of Flaming Star and Wild in the County, the profits from Blue Hawaii spoke the language of Hollywood and of course Elvis' manager Colonel Tom Parker. Elvis was destined to make formulaic, romantic, comedy, and musical movies for nearly all his remaining years in Hollywood.

The money men wanted Elvis to repeat the successes of the past until they could not milk it anymore. This happened several times in Elvis' career and each time it broke his spirit.

MOVIE SONG SEARCH

FOLLOW THAT DREAM

d	q	u	n	e	w	i	p	l	e	f	n	s	k	w	t	v	l	w	u	m
o	k	d	p	o	k	m	l	o	g	o	z	s	o	h	f	r	o	c	u	v
t	r	o	e	t	o	n	e	v	b	w	b	d	y	a	q	u	f	r	o	d
i	n	b	m	a	f	o	l	l	o	w	t	h	a	t	d	r	e	a	m	e
q	a	t	a	a	i	t	h	r	u	s	e	r	o	a	b	d	k	w	e	s
r	h	a	r	n	h	t	a	s	e	c	w	n	m	w	n	t	i	f	v	i
l	o	s	r	d	g	h	z	o	c	h	i	l	y	o	p	a	f	i	a	k
v	t	k	x	y	i	e	r	l	w	o	n	c	l	n	p	v	j	s	h	b
k	d	m	q	u	i	m	l	l	g	i	p	a	d	d	s	d	g	h	i	n
t	s	o	u	n	d	a	d	v	i	c	e	y	e	e	t	e	n	o	s	k
s	o	p	u	a	i	r	t	e	n	d	y	w	u	r	o	l	a	v	a	r
l	n	h	m	e	y	r	w	o	l	a	t	u	l	f	n	o	e	w	g	o
o	s	y	o	o	p	y	y	t	b	a	f	n	e	u	f	e	e	g	n	w
c	i	w	a	n	t	i	s	b	e	f	n	g	e	l	i	r	y	i	o	c
k	t	r	j	a	a	n	v	r	a	t	v	d	p	l	t	c	c	s	l	h
b	t	e	n	i	o	g	t	a	p	z	y	r	r	i	k	g	i	t	s	e
e	s	g	b	w	e	k	n	a	t	a	m	e	n	f	u	n	o	i	a	s
i	a	w	h	s	b	i	b	y	i	d	o	a	t	e	c	i	a	r	e	z
x	b	e	u	p	q	n	o	t	u	z	c	m	d	r	r	k	o	s	e	a
m	t	r	o	u	b	d	e	p	u	r	n	s	s	u	o	p	e	d	f	b
s	q	u	z	u	i	s	g	i	l	n	w	l	r	k	l	e	f	c	o	l

MOVIE POSTER

FOLLOW THAT DREAM

MOVIE FACTS

FOLLOW THAT DREAM

Filmed in the second half of 1961, released in April 1962, the backdrop of Hawaii was replaced with Florida in this comedy.

Elvis plays Toby, the not too bright son of Pop Kwimper. With unofficially adopted children and their babysitter Holly, the Kwimper's are travelling through Florida when their jalopy breaks down on an unopened section of the highway. They decide to set up camp but are spotted by a state official who is desperate to move them on. However, Pop turns stubborn and declares that they are homesteading on the land beside the highway. As their homestead develops the family draw much attention, including that of some gangsters who move alongside them to set up a casino.

Toby is declared sheriff to deal with the noise coming from the casino and his first duty is to ask the gangsters to close the operation down at a more reasonable time. This does not go down well with the gangsters and Toby gets drawn into a battle.

It is not the only problem the Kwimper's face as the state official manipulates social worker Alice Claypole to make the children wards of state so they must face a court case as a result.

MOVIE SONG SEARCH

KID GALAHAD

k	q	u	n	e	w	i	r	l	e	f	n	s	k	w	t	v	l	w	u	q	h	i
i	k	d	p	o	k	m	l	i	g	o	z	s	o	h	f	r	o	c	s	o	m	y
n	r	i	e	t	o	n	e	v	d	w	b	d	y	a	q	u	f	p	m	d	n	e
g	n	b	g	a	f	h	l	p	o	i	t	h	s	h	d	r	w	e	m	e	c	a
o	a	t	a	o	i	t	h	r	u	s	n	r	o	a	b	y	i	w	e	s	z	h
f	h	a	r	n	t	t	a	s	e	c	w	g	m	w	e	s	i	f	v	i	g	r
t	h	i	s	i	s	l	i	v	i	n	g	l	t	e	w	a	f	i	a	k	p	d
h	t	k	x	y	i	e	u	l	w	o	n	c	d	h	p	v	j	s	h	b	l	s
e	d	m	q	u	i	m	l	c	g	i	p	x	e	d	e	d	g	h	i	n	a	p
w	s	t	u	n	p	b	o	c	k	i	n	r	m	r	n	r	e	o	s	k	y	t
h	o	p	u	a	i	r	t	e	n	y	e	w	u	r	a	l	a	v	a	r	o	v
o	n	h	m	e	y	r	w	o	s	t	t	u	l	f	n	i	e	i	g	o	v	e
l	s	y	o	o	p	y	y	a	h	a	f	n	e	u	f	e	z	g	n	w	t	n
e	i	w	a	n	t	i	p	e	k	f	n	g	e	l	i	r	c	b	o	b	d	s
w	t	r	j	a	a	w	h	i	s	t	l	i	n	g	t	u	n	e	o	h	o	p
i	t	e	n	i	f	e	t	a	p	z	y	r	r	i	k	g	l	t	s	w	c	w
d	s	g	b	d	a	k	n	a	t	a	m	e	n	f	u	n	k	i	a	g	r	o
e	a	w	u	r	b	i	b	y	i	d	o	a	t	e	c	i	f	r	f	z	u	r
w	b	a	t	p	q	n	o	t	u	z	c	m	d	r	r	k	l	t	e	a	q	u
o	r	i	o	u	b	d	e	p	u	r	n	s	s	u	o	p	a	d	f	b	l	t
r	s	u	z	u	i	s	g	i	l	n	w	l	r	k	l	e	p	c	o	l	m	n
l	i	f	g	o	p	l	e	a	q	u	d	o	o	w	k	i	n	d	p	o	f	s
d	o	y	o	u	s	b	p	r	u	n	i	m	h	r	t	a	g	s	e	v	k	a

MOVIE POSTER

KID GALAHAD

MOVIE FACTS

KID GALAHAD

Elvis stars as Walter Gulick looking for work after completing his military service. He makes his way to his birthplace in Cream Valley, New York state and begins his search for work at Grogan's Gardens. This is a boxing training camp owned by Willy Grogan. One of the established fighters needs a sparring partner and Grogan puts Walter in the ring. Without any real experience Walter struggles to defend himself. However, he can stand up to the onslaught before revealing his secret weapon, a killer punch. After knocking out his sparring partner, Grogan sees some potential and puts him with trainer Lew Nyack, played by Charles Bronson. Walter Gulick becomes Kid Galahad.

Not only is Grogan struggling with gambling debts he is in trouble with a rival, promoter and gangster Otto Danzig. Danzig wants Grogan to get Kid Galahad to lose a fight on purpose so that Danzig can clean up on the betting.

Kid Galahad's love interest comes in the form of Grogan's younger sister Rose, played by Joan Blackman who had previously played Maile in Blue Hawaii. Grogan does not approve of the romance creating tension between them.

Elvis was trained in boxing by Mushy Callahan, a former light welterweight world champion, who also appeared in the film as a referee.

Made in late 1961, for release in 1962, the movie contains six songs so not enough for a full LP. Instead, it was released on an EP format, which became a top seller even though there were no hit singles released from the movie.

MOVIE SONG SEARCH

GIRLS! GIRLS! GIRLS!

p	a	i	k	j	o	i	s	h	g	i	p	q	u	i	f	g	u	i	l	w	k	d
o	t	h	a	n	k	s	t	o	t	h	e	r	o	l	l	i	n	g	s	e	a	o
s	h	n	b	o	f	t	a	e	s	h	r	i	m	p	q	e	f	d	o	d	n	n
i	e	g	o	c	s	i	r	e	h	t	e	g	o	t	e	b	l	l	e	w	p	i
q	w	i	y	e	t	u	r	b	o	o	s	e	n	d	e	t	k	i	e	h	o	g
r	a	r	l	c	i	n	s	h	e	a	r	t	h	b	o	y	i	n	v	e	c	h
m	l	l	i	t	s	g	z	o	c	c	m	e	y	e	u	n	f	t	a	r	w	t
v	l	s	k	f	l	d	i	l	w	i	a	s	a	l	r	g	j	h	h	e	a	i
k	s	g	e	o	a	x	r	r	g	k	p	u	e	p	i	z	a	e	i	d	x	s
i	h	i	m	t	n	a	i	e	l	e	i	y	s	a	b	t	g	b	o	o	t	s
s	a	r	e	t	u	r	n	t	o	s	e	n	d	e	r	c	b	e	a	y	q	o
l	v	l	a	n	h	h	i	l	d	e	g	m	l	l	o	s	l	s	g	o	u	r
o	e	s	g	a	f	e	g	o	f	a	f	i	a	l	f	f	u	t	n	u	y	i
c	e	g	i	w	l	t	w	i	e	g	n	e	r	i	o	r	l	i	o	c	f	g
k	a	i	r	t	p	m	i	r	h	s	e	h	t	f	o	g	n	o	s	o	k	h
b	r	r	l	n	o	u	t	a	l	r	y	k	r	g	s	e	u	a	v	m	m	t
e	s	l	l	o	e	n	n	a	r	l	m	e	n	i	x	n	f	n	a	e	d	f
i	h	s	i	d	o	n	t	w	a	n	n	a	b	e	t	i	e	d	g	f	v	o
x	b	e	k	i	q	w	o	w	w	i	c	h	s	l	e	k	k	m	e	r	u	r
m	t	w	e	r	e	c	o	m	i	n	i	n	l	o	a	d	e	d	o	o	t	d
w	h	a	y	s	s	h	e	r	e	n	n	l	y	v	n	k	e	k	o	m	r	o
m	r	h	o	w	a	i	i	a	n	s	u	t	s	e	t	g	n	i	t	y	e	v
r	i	v	u	h	n	k	s	e	d	t	a	m	b	l	o	q	u	w	g	d	v	e

MOVIE POSTER

GIRLS! GIRLS! GIRLS!

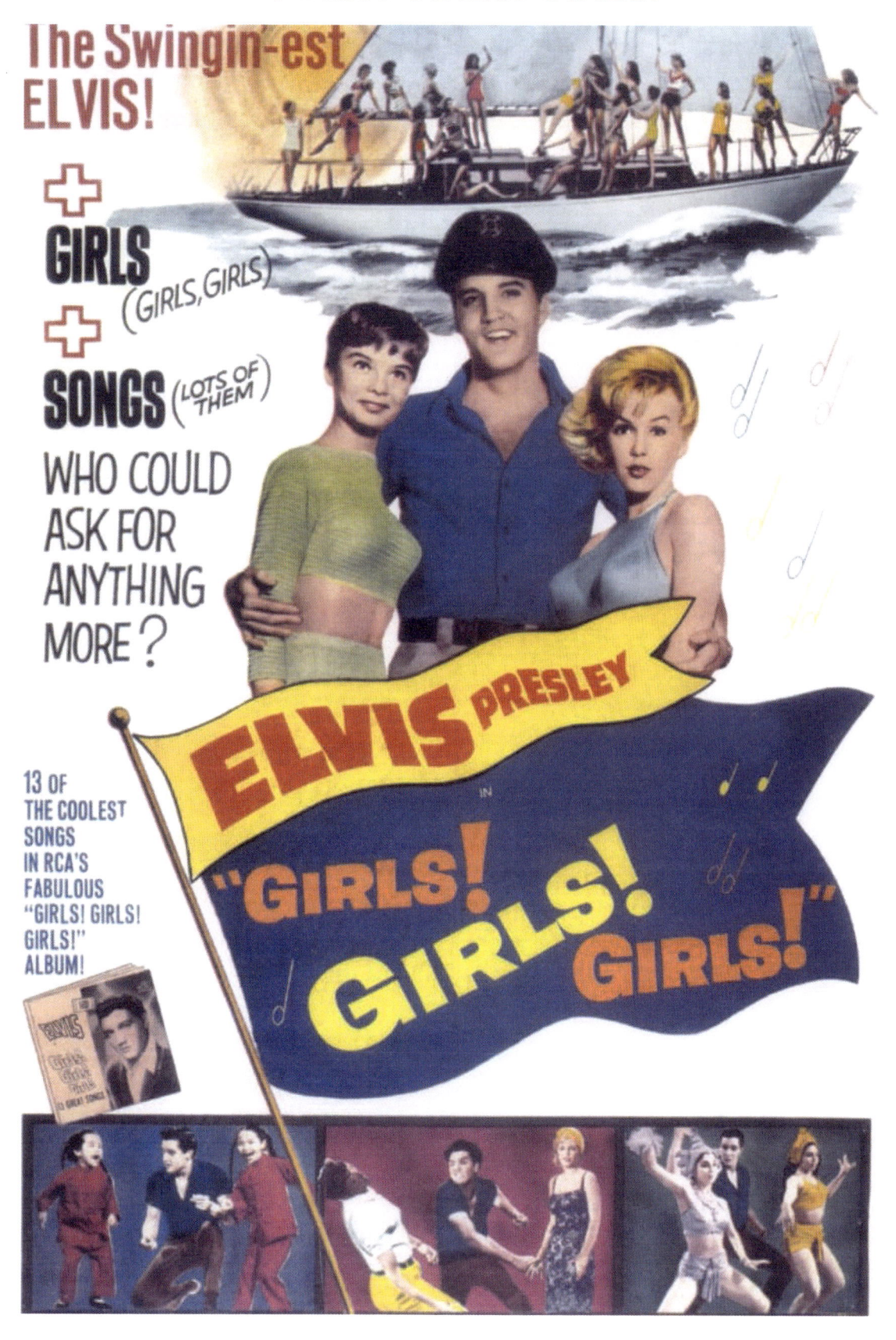

MOVIE FACTS

GIRLS! GIRLS! GIRLS!

Elvis was back in Hawaii in 1962 to shoot Girls! Girls! Girls!

He plays Ross Carpenter with a passion for boats. Working as a charter fisherman, he wants to buy the sailing boat Westwind which he built with his late father from his boss who is retiring to Arizona. He takes a second job as a night club singer to boost his income. His part time girlfriend Robin also works at the club. He meets heiress Laurel Dodge there.

When the boats are sold to Wesley Johnson, Ross is forced to work for Johnson who also puts Westwind up for sale. Ross must choose between Robin, Laurel and his desire to buy the Westwind.

With thirteen songs in the movie a full soundtrack album was released. The standout song being the classic Return to Sender. This was the 1962 Christmas number one in the UK, and a number two hit in the US. The soundtrack peaked at number two in the UK and three in the US.

A pattern was established where full movie soundtrack albums were outselling any regular albums Elvis made. So, RCA and the Colonel forced Elvis to focus more on the movie soundtrack formula for the next few years, although some were boosted by non-movie songs. The main exception, until Elvis returned to the stage, would be the Grammy winning How Great Thou Art gospel album released in 1967.

MOVIE SONG SEARCH

IT HAPPENED AT THE WORLD'S FAIR

p	t	i	k	j	e	i	s	h	g	i	c	q	u	i	f	g	u	i	l	w	k	d	a
o	h	o	n	e	b	r	o	k	e	n	h	e	a	r	t	f	o	r	s	a	l	e	d
s	e	f	e	l	t	q	u	w	h	a	j	s	h	a	c	k	n	o	w	l	i	b	r
i	y	t	z	e	n	i	t	h	s	p	e	l	n	o	k	b	l	l	e	i	p	o	e
q	r	i	y	l	e	u	r	b	o	o	k	e	n	d	e	t	k	i	e	l	o	t	y
r	e	r	l	o	v	n	s	h	e	a	p	c	h	b	o	y	i	n	v	k	c	e	o
i	m	f	a	l	l	i	n	g	i	n	l	o	v	e	t	o	n	i	g	h	t	k	u
v	i	s	k	t	e	d	i	l	w	i	c	t	a	l	r	q	j	h	h	a	a	i	l
k	n	g	e	t	d	x	r	r	g	k	r	t	e	p	h	z	a	e	i	w	x	l	m
i	d	i	m	a	k	a	i	e	l	e	y	o	s	z	b	t	g	b	o	o	t	u	e
s	m	r	e	l	o	r	n	t	o	s	e	n	d	i	n	s	b	e	a	r	q	o	c
l	e	l	a	o	j	h	i	l	d	e	b	c	l	l	o	h	l	s	g	l	u	y	t
o	t	s	g	n	o	e	g	c	o	t	e	a	n	c	a	a	s	y	n	d	y	d	g
c	o	g	i	r	v	t	w	i	e	h	b	n	r	i	o	p	l	i	n	o	f	l	a
k	o	i	r	j	u	m	i	r	g	s	n	d	t	f	o	p	n	e	s	f	k	u	p
b	m	r	l	q	i	u	t	g	l	r	n	y	r	g	s	y	b	a	v	o	m	o	g
e	u	l	l	v	h	n	p	a	r	l	w	l	n	i	r	e	l	a	x	u	d	w	e
i	c	s	i	b	o	l	t	w	a	n	p	a	b	e	h	n	e	d	g	r	v	w	b
x	h	e	k	s	p	b	o	w	w	i	v	n	s	t	e	d	k	m	e	o	u	o	f
m	o	w	e	n	e	c	o	m	i	n	c	d	n	o	a	i	e	d	o	w	t	h	s
w	f	a	d	s	s	h	e	r	e	n	t	o	y	v	n	n	e	k	o	n	r	o	i
m	y	h	o	w	a	p	i	a	n	s	y	t	s	e	t	g	n	i	t	y	e	v	t
r	o	v	u	h	n	k	t	a	k	e	m	e	t	o	t	h	e	f	a	i	r	e	g
n	u	o	p	l	k	a	n	i	b	l	s	f	q	u	z	i	k	d	c	l	n	p	v

MOVIE POSTER

IT HAPPENED AT THE WORLD'S FAIR

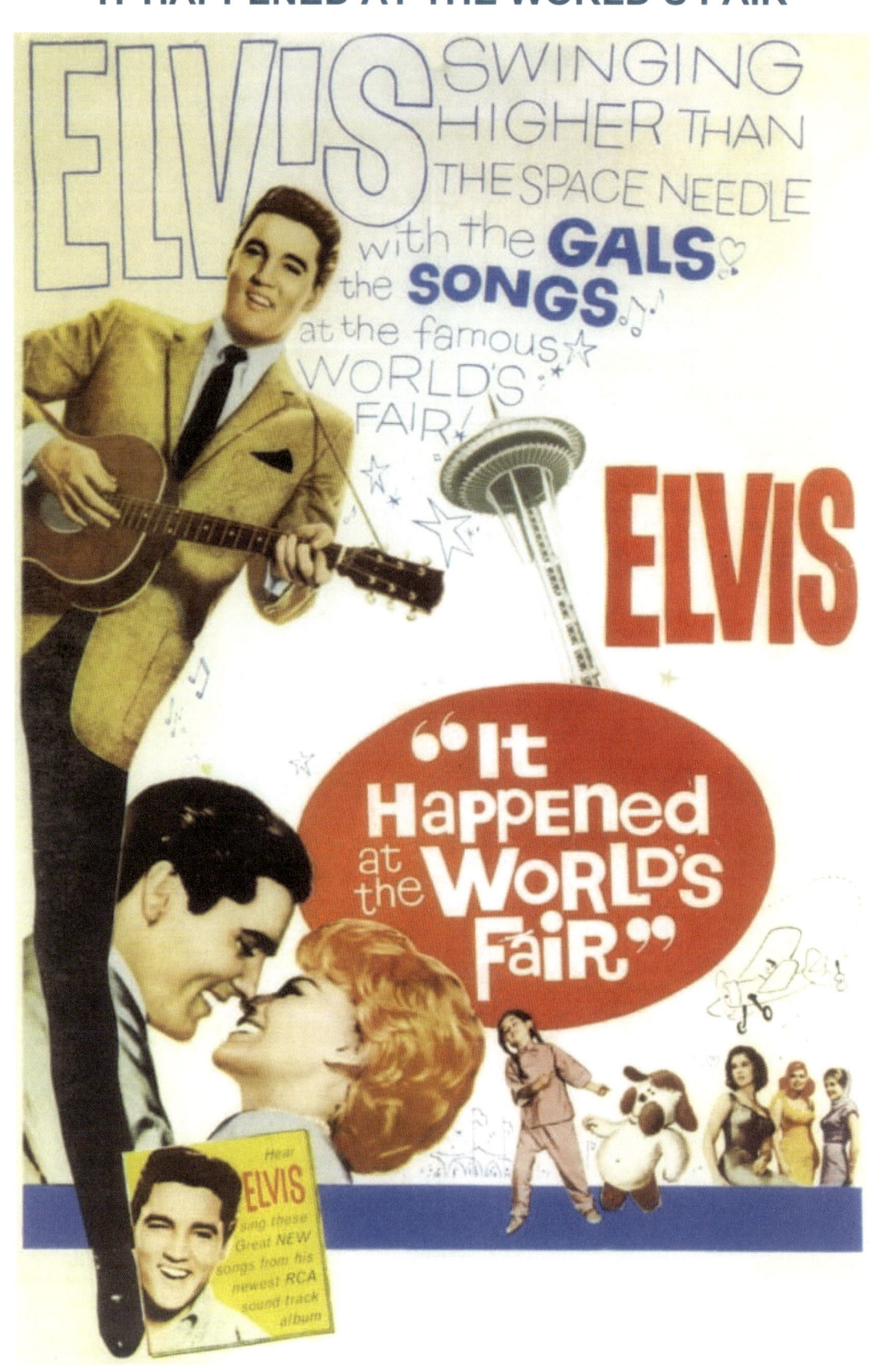

MOVIE FACTS

IT HAPPENED AT THE WORLD'S FAIR

The 1962 Seattle World's Fair is the location for Elvis' following movie released in April 1963.

Mike Edwards and his partner Danny Burke are crop dusters and have a small plane named Bessie. Danny is a gambler and after he loses money they have nothing to pay their debts with. The local sheriff seizes Bessie with a view to auctioning it off.

Mike and Danny become hitchhikers and are picked up by Walter Ling travelling with his niece Sue-Lin to Seattle. Walter gets called away on business and Mike is left to look after Sue-Lin, taking her to the World's Fair. Sue-Lin eats too much, so Mike must take her to see the nurse whom he becomes attracted to. Nurse Dianne Warren does not seem interested so Mike gets a boy to kick him on the shin so he can see her again. That boy was the young Kurt Russel, who portrayed Elvis in Elvis the Movie in 1979.

The are complications when Walter does not return when expected and when Dianne realises that Mike has no family connection with Sue-Lin she informs the welfare board. Meanwhile Danny finds trouble with their friend Vince when trying to raise money for Bessie. Two problems that Mike must sort out.

The movie features ten songs, creating a sixth soundtrack album from an Elvis movie. The album peaked at number four in the US and number six in the UK, with One Broken Heart for Sale being the main song.

MOVIE SONG SEARCH

FUN IN ACAPULCO

p	t	i	k	j	f	i	s	h	v	i	c	q	u	i	f	g	u	i	l	w	k	f	d	a	b
i	t	h	e	b	u	l	l	f	i	g	h	t	e	r	w	a	s	a	l	a	d	y	e	y	i
s	e	f	e	l	n	q	u	w	n	a	j	s	h	a	c	k	n	o	w	l	i	o	b	r	k
a	y	t	z	e	i	i	t	h	d	p	e	l	n	o	k	b	l	l	e	i	p	a	o	e	i
q	r	i	y	l	n	u	r	b	i	o	k	e	n	d	e	t	k	i	e	l	b	m	t	y	n
r	e	r	l	o	a	n	s	h	n	a	p	a	h	b	o	y	i	n	v	a	c	t	e	o	i
i	m	f	a	l	c	i	n	g	e	n	l	o	r	o	t	o	n	i	v	h	t	d	k	u	a
v	i	s	k	t	a	d	i	l	r	i	c	t	c	a	r	q	j	o	h	a	a	p	i	l	y
k	n	g	e	t	p	e	l	t	o	r	o	i	e	p	j	z	n	e	i	w	x	t	l	m	b
i	d	i	m	a	u	a	i	e	y	e	x	o	s	z	b	a	g	b	o	o	t	s	u	e	r
s	m	r	e	l	l	r	n	t	a	e	e	n	b	i	s	s	l	e	a	r	q	u	o	c	k
l	e	l	a	o	c	h	i	l	m	e	b	c	l	s	o	h	l	a	g	l	u	e	y	t	r
o	t	s	g	n	o	e	g	c	o	t	e	a	o	c	s	a	s	y	d	d	y	a	d	g	s
c	o	g	i	r	v	t	w	i	r	h	b	b	r	i	o	s	l	i	n	a	f	i	l	a	p
k	o	i	y	o	u	c	a	n	t	s	a	y	n	o	i	n	a	c	a	p	u	l	c	o	a
b	m	r	l	q	i	u	t	g	l	r	t	y	r	g	s	y	b	n	v	o	m	g	o	g	s
e	u	l	l	v	h	n	p	a	r	l	i	l	n	i	r	e	l	a	o	u	d	o	w	e	s
i	c	s	i	b	o	l	t	w	a	n	r	a	b	e	h	n	e	d	g	v	v	n	w	b	t
x	h	e	k	s	p	b	o	w	w	i	e	n	s	t	e	d	k	m	e	o	u	r	o	f	y
m	o	w	e	n	e	c	o	m	i	n	u	d	n	o	a	i	e	d	o	w	t	t	h	s	p
w	f	a	i	t	h	i	n	k	i	m	g	o	n	n	a	l	i	k	e	i	t	h	e	r	e
m	y	h	o	w	a	p	i	a	n	s	r	t	s	e	t	g	n	i	t	y	e	b	v	t	c
r	o	v	u	h	n	k	z	q	u	e	a	e	t	o	s	m	o	c	h	i	r	k	e	g	o
n	o	r	o	o	m	t	o	r	h	u	m	b	a	i	n	a	s	p	o	r	t	s	c	a	r

MOVIE POSTER

FUN IN ACAPULCO

MOVIE FACTS

FUN IN ACAPULCO

Fresh from her appearance in the first James Bond movie, Dr. No, Ursula Andress, as Margarita Dauphin, provides one of the love interests for Elvis in this 1963 movie along with the lady bullfighter Dolres Gomez.

Elvis is Mike Windgren, part of a family trapeze act. Mike loses his nerve after an accident that kills his brother and escapes to Acapulco to rediscover himself. He takes on the job of a lifeguard at a hotel and realises that diving could be the way to overcome his fear. Starting on the low diving platform Mike works his way up the heights of diving boards. The ultimate test though is diving from the 136-foor cliffs of La Quebrada.

To help boost his income he also takes on the job of a singer aided by a Mexican boy named Raoul.

While on lifeguard duty he meets both Margarita and Dolores. His fellow lifeguard Moreno also competes for Dolres' affection. Moreno becomes jealous and uncovers Mike's history. The two fight and Moreno is injured so Mike takes on the death-defying dive.

The movie was released a week after the assassination of President Kennedy and went to number one in US the box office that week. It became the highest earning musical of 1963.

The soundtrack album reached number three in the US and number nine in the UK. The hit song was Bossa Nova Baby.

ANSWER SHEET

LOVE ME TENDER

w	s	g	h	t	u	t	d	c	l	s	g	y	l	a
y	e	d	n	e	g	o	a	x	y	t	n	q	a	u
f	l	r	c	i	a	e	g	o	l	u	i	l	n	d
x	i	u	e	o	t	r	b	i	p	t	d	o	g	i
m	k	s	u	g	j	r	i	b	x	t	e	v	u	o
m	s	i	t	u	o	r	r	n	y	e	e	e	a	l
g	l	m	l	o	b	n	k	w	g	r	f	m	g	o
x	d	o	p	e	y	n	p	f	d	e	e	e	e	g
i	e	s	w	a	l	l	o	a	i	n	g	t	e	i
y	r	a	r	e	t	l	e	t	m	e	p	e	c	s
d	m	h	i	r	d	e	j	z	y	o	p	n	i	t
p	g	p	e	x	c	h	u	a	a	x	v	d	o	i
s	p	s	h	j	f	s	d	x	q	j	v	e	v	n
s	l	p	q	w	o	t	i	a	c	x	d	r	t	s
t	l	m	k	a	w	a	a	c	n	e	s	s	e	q

ANSWER SHEET

LOVING YOU

g	p	s	l	g	h	t	u	p	h	u	l	s	g	y	l	m	y
l	o	n	e	s	o	m	e	c	o	w	b	o	y	e	a	r	g
i	n	t	m	a	s	i	o	t	t	s	d	f	o	n	w	a	m
y	a	d	t	d	n	e	g	d	d	x	y	t	n	q	a	n	e
f	c	l	m	a	c	i	a	j	o	o	l	u	i	l	n	a	a
x	d	i	e	u	l	o	r	e	g	i	p	t	d	o	g	i	n
m	c	k	a	s	l	o	v	i	n	g	y	o	u	v	u	o	w
m	o	s	u	i	i	u	t	r	d	n	y	e	e	e	a	l	e
g	n	l	m	e	a	n	w	o	m	a	n	b	l	u	e	s	g
x	d	o	o	o	p	e	y	e	l	p	f	d	e	e	e	g	w
l	b	o	m	n	e	s	o	m	e	i	y	w	b	o	y	i	n
y	t	r	a	a	a	e	v	l	a	t	v	e	p	e	c	s	j
k	t	e	d	d	y	b	e	a	r	z	y	i	p	n	i	t	y
p	s	g	b	p	e	x	n	a	u	a	a	y	n	d	o	i	r
s	a	p	l	s	h	j	p	s	d	x	t	j	v	t	v	n	u
s	b	l	u	p	q	w	o	t	i	z	c	x	d	r	o	s	a
t	r	b	e	l	m	y	o	p	a	r	n	e	s	s	e	d	f
a	q	u	s	u	p	s	g	p	i	n	w	l	c	o	f	a	o

ANSWER SHEET

JAILHOUSE ROCK

g	p	s	l	v	h	t	u	p	s	u	l	s	k	y	l	m	y
t	r	n	e	t	o	n	e	c	y	w	b	c	y	e	f	r	g
i	n	t	m	a	s	i	o	t	o	s	d	f	o	n	w	a	e
y	a	d	j	a	i	l	h	o	u	s	e	r	o	c	k	c	e
f	c	l	m	a	c	i	a	j	n	o	l	u	i	l	i	a	a
x	d	i	q	u	l	o	r	e	g	i	p	t	d	n	g	i	n
m	c	k	d	o	n	t	l	e	a	v	e	m	e	n	o	w	k
r	o	s	u	a	i	u	t	r	n	n	y	m	u	e	a	l	e
o	n	l	m	e	y	n	w	o	d	a	t	b	l	u	e	w	g
x	s	n	o	o	p	e	y	e	b	a	f	d	e	k	e	g	w
k	i	w	a	n	t	t	o	b	e	f	r	e	e	o	y	i	n
y	t	r	j	a	a	e	v	r	a	t	v	e	p	e	c	s	j
k	t	e	n	i	y	b	t	a	u	z	y	i	p	n	i	t	f
p	s	g	b	p	e	x	n	a	t	a	a	y	n	d	o	i	r
s	a	p	l	s	b	a	b	y	i	d	o	n	t	c	a	r	e
s	b	l	u	p	q	w	o	t	f	z	c	x	d	r	o	s	e
t	r	b	e	l	m	y	o	p	u	r	n	e	s	s	e	d	f
a	q	j	s	u	i	s	g	p	l	n	w	l	r	o	f	k	o

ANSWER SHEET

KING CREOLE

j	p	s	n	e	w	o	r	l	e	a	n	s	k	y	t	v	l	w	u	e
o	k	d	p	o	k	e	l	o	r	a	z	t	o	b	f	s	o	c	u	v
t	r	o	e	t	o	u	e	v	o	w	b	c	y	e	q	u	f	r	o	d
i	n	n	m	a	s	i	b	e	o	s	d	f	o	n	u	x	t	a	y	e
q	a	t	j	a	i	l	h	r	u	s	e	r	o	c	b	d	k	w	e	s
r	h	a	r	d	h	e	a	d	e	d	w	o	m	a	n	t	i	f	v	i
l	o	s	r	d	o	t	z	o	c	h	i	l	y	a	p	a	f	i	a	k
v	t	k	x	y	i	d	r	l	w	o	n	c	l	e	p	v	j	s	h	b
k	d	m	q	u	i	x	r	l	g	i	p	a	d	n	s	d	g	h	i	n
i	c	e	d	o	n	x	i	e	a	v	y	y	e	k	t	e	n	o	s	k
s	o	w	u	a	i	u	t	e	n	o	y	o	u	e	o	l	a	l	a	r
l	n	h	m	e	y	n	w	o	l	a	t	u	l	u	n	o	e	w	g	o
o	s	y	o	o	p	e	y	t	b	a	f	n	e	k	f	e	e	g	n	w
c	i	w	a	n	t	t	s	b	e	f	n	g	e	o	i	r	y	i	o	c
k	t	r	j	a	a	a	v	r	a	t	v	d	p	e	t	c	c	s	l	h
b	t	e	n	i	f	b	t	a	u	z	y	r	r	n	k	g	i	t	s	e
e	s	g	b	d	e	x	n	a	t	a	a	e	n	o	u	n	o	i	a	s
i	a	p	a	s	b	a	b	y	i	d	o	a	t	c	c	i	a	r	e	z
x	b	e	u	p	q	w	o	t	f	z	c	m	d	r	r	k	o	s	e	a
m	t	r	o	u	b	l	e	p	u	r	n	s	s	s	o	p	e	d	f	b
s	q	j	s	u	i	s	g	p	l	n	w	l	r	o	l	e	f	k	o	l

ANSWER SHEET

G. I. BLUES

f	p	s	n	i	w	o	r	b	l	c	s	k	y	t	j	l	w	u	e	k	t
o	r	d	p	p	k	e	l	o	r	a	z	t	o	b	f	s	o	c	u	v	a	o
t	r	a	w	o	o	d	e	n	h	e	a	r	t	e	q	u	f	d	o	d	n	n
i	n	n	c	s	i	b	e	o	s	d	f	o	n	u	x	n	o	y	e	p	i
q	a	t	j	k	i	l	h	r	u	s	e	r	o	c	b	u	k	i	e	s	o	g
r	h	a	r	e	f	e	a	d	e	v	w	o	f	a	o	t	i	n	v	i	c	h
l	o	s	r	t	o	o	z	o	c	h	i	l	y	r	d	a	f	t	a	k	w	t
v	t	k	x	f	i	d	r	l	w	o	n	c	a	e	r	v	j	h	h	b	a	i
k	d	m	q	u	r	x	r	t	g	i	p	n	d	n	i	d	d	e	i	n	x	s
i	c	e	d	l	n	a	i	e	s	v	i	y	e	k	b	i	g	b	o	o	t	s
s	o	w	u	l	i	u	n	e	n	p	y	o	u	e	d	l	b	e	a	r	q	o
l	n	h	m	o	y	n	w	d	p	a	e	u	l	j	t	o	l	s	g	o	u	r
o	s	y	o	f	p	e	y	o	f	a	f	c	a	k	f	e	u	t	n	w	p	i
c	i	w	a	r	t	t	h	s	e	u	n	e	i	o	o	r	x	i	o	c	f	g
k	t	r	j	a	a	s	e	r	a	t	v	d	p	a	r	c	p	c	l	h	k	h
b	t	e	n	i	f	u	t	a	u	e	y	k	r	n	l	g	u	a	s	e	m	t
e	s	g	b	n	l	x	n	a	r	a	a	e	n	o	x	n	f	n	a	s	d	f
i	a	p	a	b	l	u	e	s	u	e	d	e	s	h	o	e	s	r	e	z	v	o
x	b	e	i	o	q	w	o	t	f	z	c	m	d	r	e	k	k	s	e	a	u	r
m	t	g	o	w	b	l	e	p	u	r	n	s	s	s	o	p	e	d	f	b	t	l
w	h	a	t	s	s	h	e	r	e	a	l	l	y	l	i	k	e	k	o	l	r	o
m	h	n	w	e	l	i	t	o	p	a	n	d	r	e	s	m	n	i	t	y	c	v
r	i	v	r	h	n	k	s	e	d	t	a	m	b	l	o	q	u	w	g	d	v	e

ANSWER SHEET

FLAMING STAR / WILD IN THE COUNTRY

g	p	s	l	v	h	t	a	c	a	n	e	s	k	i	l	m	y
t	r	n	e	t	o	n	b	l	u	r	a	c	y	n	f	w	g
i	n	t	i	a	s	i	o	t	o	s	n	f	o	m	w	i	e
b	h	u	s	k	y	d	u	s	k	y	d	d	a	y	k	l	e
f	c	l	l	a	c	i	a	j	n	o	a	u	i	w	i	d	a
x	d	i	i	u	l	o	r	e	g	i	h	t	d	a	g	i	n
v	c	k	p	o	n	t	l	e	a	v	i	m	e	y	n	n	w
e	o	s	p	a	i	u	t	r	n	n	g	m	u	e	a	t	e
t	n	l	e	e	y	n	w	o	d	a	h	b	l	u	e	h	g
r	s	n	d	f	l	a	m	i	n	g	s	t	a	r	e	e	w
k	i	w	i	n	t	t	o	b	e	f	t	e	e	o	y	c	n
y	t	r	s	t	u	m	b	l	e	d	a	e	p	e	c	o	j
k	t	e	t	i	y	b	t	a	u	i	r	i	p	n	i	u	f
b	s	g	u	p	e	x	n	a	t	f	c	y	n	d	o	n	r
s	a	p	b	s	p	a	b	y	i	e	h	n	t	c	a	t	e
a	b	l	l	p	q	w	o	t	f	l	c	o	l	l	a	r	e
t	r	b	e	l	m	y	o	p	u	l	n	e	s	s	e	y	f
a	q	j	d	i	f	e	l	l	d	n	w	l	r	o	f	k	o

ANSWER SHEET

BLUE HAWAII

m	p	s	n	i	w	o	r	l	r	l	c	s	k	y	t	a	l	o	h	a	o	e
o	o	d	p	p	k	e	l	o	r	o	z	t	o	c	f	l	o	c	u	v	a	o
t	r	o	k	o	o	d	e	n	h	e	c	r	t	a	q	m	f	d	o	d	n	p
i	n	p	n	c	s	i	b	e	o	s	d	k	o	n	i	o	n	o	y	b	p	i
q	a	b	g	l	i	l	h	r	u	s	e	r	a	t	b	s	k	i	e	e	o	r
r	s	l	i	c	i	n	s	a	n	d	w	o	o	h	o	t	i	n	v	a	c	h
m	n	u	w	t	s	g	z	o	c	h	i	e	y	e	u	a	f	t	a	c	w	e
v	i	e	o	f	l	d	h	l	w	o	a	c	a	l	r	l	j	h	h	h	a	p
k	d	h	k	u	a	x	r	t	g	t	p	n	d	p	i	w	a	e	i	b	x	y
i	c	a	s	s	n	a	i	e	s	v	i	y	e	f	b	a	g	b	o	o	t	s
s	o	w	i	t	d	u	n	e	n	w	y	o	u	a	d	y	b	e	a	y	q	i
l	n	a	m	o	o	h	i	l	d	o	i	m	l	l	t	s	l	s	g	b	u	r
o	s	i	o	f	f	g	g	o	f	a	f	m	a	l	f	t	u	t	n	l	y	o
c	i	i	a	r	l	t	i	i	e	u	n	e	i	i	o	r	x	i	o	u	f	g
k	u	u	i	a	o	s	e	d	p	t	v	d	p	n	r	u	p	c	l	e	k	h
b	t	e	n	i	v	u	t	a	u	o	y	k	r	g	l	e	u	a	s	s	m	t
e	s	g	b	n	e	x	n	a	r	a	m	e	n	i	x	n	f	n	a	s	d	f
i	h	a	w	a	i	i	a	n	w	e	d	d	i	n	g	s	o	n	g	z	v	o
x	b	e	i	o	q	w	o	t	f	z	c	m	s	l	e	k	k	m	e	a	u	r
m	t	g	o	w	b	l	e	p	k	u	u	i	p	o	h	p	e	d	o	b	t	m
w	h	a	t	s	s	h	e	r	e	a	l	l	y	v	n	k	e	k	o	r	r	o
m	r	h	a	w	a	i	i	a	n	s	u	n	s	e	t	g	n	i	t	y	e	v
r	i	v	r	h	n	k	s	e	d	t	a	m	b	l	o	q	u	w	g	d	v	e

ANSWER SHEET

FOLLOW THAT DREAM

d	q	u	n	e	w	i	p	l	e	f	n	s	k	w	t	v	l	w	u	m
o	k	d	p	o	k	m	l	o	g	o	z	s	o	h	f	r	o	c	u	v
t	r	o	e	t	o	n	e	v	b	w	b	d	y	a	q	u	f	r	o	d
i	n	b	m	a	f	o	l	l	o	w	t	h	a	t	d	r	e	a	m	e
q	a	t	a	a	i	t	h	r	u	s	e	r	o	a	b	d	k	w	e	s
r	h	a	r	n	h	t	a	s	e	c	w	n	m	w	n	t	i	f	v	i
l	o	s	r	d	g	h	z	o	c	h	i	l	y	o	p	a	f	i	a	k
v	t	k	x	y	i	e	r	l	w	o	n	c	l	n	p	v	j	s	h	b
k	d	m	q	u	i	m	l	l	g	i	p	a	d	d	s	d	g	h	i	n
t	s	o	u	n	d	a	d	v	i	c	e	y	e	e	t	e	n	o	s	k
s	o	p	u	a	i	r	t	e	n	d	y	w	u	r	o	l	a	v	a	r
l	n	h	m	e	y	r	w	o	l	a	t	u	l	f	n	o	e	w	g	o
o	s	y	o	o	p	y	y	t	b	a	f	n	e	u	f	e	e	g	n	w
c	i	w	a	n	t	i	s	b	e	f	n	g	e	l	i	r	y	i	o	c
k	t	r	j	a	a	n	v	r	a	t	v	d	p	l	t	c	c	s	l	h
b	t	e	n	i	o	g	t	a	p	z	y	r	r	i	k	g	i	t	s	e
e	s	g	b	w	e	k	n	a	t	a	m	e	n	f	u	n	o	i	a	s
i	a	w	h	s	b	i	b	y	i	d	o	a	t	e	c	i	a	r	e	z
x	b	e	u	p	q	n	o	t	u	z	c	m	d	r	r	k	o	s	e	a
m	t	r	o	u	b	d	e	p	u	r	n	s	s	u	o	p	e	d	f	b
s	q	u	z	u	i	s	g	i	l	n	w	l	r	k	l	e	f	c	o	l

ANSWER SHEET

KID GALAHAD

k	q	u	n	e	w	i	r	l	e	f	n	s	k	w	t	v	l	w	u	q	h	i
i	k	d	p	o	k	m	l	i	g	o	z	s	o	h	f	r	o	c	s	o	m	y
n	r	i	e	t	o	n	e	v	d	w	b	d	y	a	q	u	f	p	m	d	n	e
g	n	b	g	a	f	h	l	p	o	i	t	h	s	h	d	r	w	e	m	e	c	a
o	a	t	a	o	i	t	h	r	u	s	n	r	o	a	b	y	i	w	e	s	z	h
f	h	a	r	n	t	t	a	s	e	c	w	g	m	w	e	s	i	f	v	i	g	r
t	h	i	s	i	s	l	i	v	i	n	g	l	t	e	w	a	f	i	a	k	p	d
h	t	k	x	y	i	e	u	l	w	o	n	c	d	h	p	v	j	s	h	b	l	s
e	d	m	q	u	i	m	l	c	g	i	p	x	e	d	e	d	g	h	i	n	a	p
w	s	t	u	n	p	b	o	c	k	i	n	r	m	r	n	r	e	o	s	k	y	t
h	o	p	u	a	i	r	t	e	n	y	e	w	u	r	a	l	a	v	a	r	o	v
o	n	h	m	e	y	r	w	o	s	t	t	u	l	f	n	i	e	i	g	o	v	e
l	s	y	o	o	p	y	y	a	h	a	f	n	e	u	f	e	z	g	n	w	t	n
e	i	w	a	n	t	i	p	e	k	f	n	g	e	l	i	r	c	b	o	b	d	s
w	t	r	j	a	a	w	h	i	s	t	l	i	n	g	t	u	n	e	o	h	o	p
i	t	e	n	i	f	e	t	a	p	z	y	r	r	i	k	g	l	t	s	w	c	w
d	s	g	b	d	a	k	n	a	t	a	m	e	n	f	u	n	k	i	a	g	r	o
e	a	w	u	r	b	i	b	y	i	d	o	a	t	e	c	i	f	r	f	z	u	r
w	b	a	t	p	q	n	o	t	u	z	c	m	d	r	r	k	l	t	e	a	q	u
o	r	i	o	u	b	d	e	p	u	r	n	s	s	u	o	p	a	d	f	b	l	t
r	s	u	z	u	i	s	g	i	l	n	w	l	r	k	l	e	p	c	o	l	m	n
l	i	f	g	o	p	l	e	a	q	u	d	o	o	w	k	i	n	d	p	o	f	s
d	o	y	o	u	s	b	p	r	u	n	i	m	h	r	t	a	g	s	e	v	k	a

ANSWER SHEET

GIRLS! GIRLS! GIRLS!

p	a	i	k	j	o	i	s	h	g	i	p	q	u	i	f	g	u	i	l	w	k	d
o	t	h	a	n	k	s	t	o	t	h	e	r	o	l	l	i	n	g	s	e	a	o
s	h	n	b	o	f	t	a	e	s	h	r	i	m	p	q	e	f	d	o	d	n	n
i	e	g	o	c	s	i	r	e	h	t	e	g	o	t	e	b	l	l	e	w	p	i
q	w	i	y	e	t	u	r	b	o	o	s	e	n	d	e	t	k	i	e	h	o	g
r	a	r	l	c	i	n	s	h	e	a	r	t	h	b	o	y	i	n	v	e	c	h
m	l	l	i	t	s	g	z	o	c	c	m	e	y	e	u	n	f	t	a	r	w	t
v	l	s	k	f	l	d	i	l	w	i	a	s	a	l	r	g	j	h	h	e	a	i
k	s	g	e	o	a	x	r	r	g	k	p	u	e	p	i	z	a	e	i	d	x	s
i	h	i	m	t	n	a	i	e	l	e	i	y	s	a	b	t	g	b	o	o	t	s
s	a	r	e	t	u	r	n	t	o	s	e	n	d	e	r	c	b	e	a	y	q	o
l	v	l	a	n	h	h	i	l	d	e	g	m	l	l	o	s	l	s	g	o	u	r
o	e	s	g	a	f	e	g	o	f	a	f	i	a	l	f	f	u	t	n	u	y	i
c	e	g	i	w	l	t	w	i	e	g	n	e	r	i	o	r	l	i	o	c	f	g
k	a	i	r	t	p	m	i	r	h	s	e	h	t	f	o	g	n	o	s	o	k	h
b	r	r	l	n	o	u	t	a	l	r	y	k	r	g	s	e	u	a	v	m	m	t
e	s	l	l	o	e	n	n	a	r	l	m	e	n	i	x	n	f	n	a	e	d	f
i	h	s	i	d	o	n	t	w	a	n	n	a	b	e	t	i	e	d	g	f	v	o
x	b	e	k	i	q	w	o	w	w	i	c	h	s	l	e	k	k	m	e	r	u	r
m	t	w	e	r	e	c	o	m	i	n	i	n	l	o	a	d	e	d	o	o	t	d
w	h	a	y	s	s	h	e	r	e	n	n	l	y	v	n	k	e	k	o	m	r	o
m	r	h	o	w	a	i	i	a	n	s	u	t	s	e	t	g	n	i	t	y	e	v
r	i	v	u	h	n	k	s	e	d	t	a	m	b	l	o	q	u	w	g	d	v	e

ANSWER SHEET

IT HAPPENED AT THE WORLD'S FAIR

p	t	i	k	j	e	i	s	h	g	i	c	q	u	i	f	g	u	i	l	w	k	d	a
o	h	o	n	e	b	r	o	k	e	n	h	e	a	r	t	f	o	r	s	a	l	e	d
s	e	f	e	l	t	q	u	w	h	a	j	s	h	a	c	k	n	o	w	l	i	b	r
i	y	t	z	e	n	i	t	h	s	p	e	l	n	o	k	b	l	l	e	i	p	o	e
q	r	i	y	l	e	u	r	b	o	o	k	e	n	d	e	t	k	i	e	l	o	t	y
r	e	r	l	o	v	n	s	h	e	a	p	c	h	b	o	y	i	n	v	k	c	e	o
i	m	f	a	l	l	i	n	g	i	n	l	o	v	e	t	o	n	i	g	h	t	k	u
v	i	s	k	t	e	d	i	l	w	i	c	t	a	l	r	q	j	h	h	a	a	i	l
k	n	g	e	t	d	x	r	r	g	k	r	t	e	p	h	z	a	e	i	w	x	l	m
i	d	i	m	a	k	a	i	e	l	e	y	o	s	z	b	t	g	b	o	o	t	u	e
s	m	r	e	l	o	r	n	t	o	s	e	n	d	i	n	s	b	e	a	r	q	o	c
l	e	l	a	o	j	h	i	l	d	e	b	c	l	l	o	h	l	s	g	l	u	y	t
o	t	s	g	n	o	e	g	c	o	t	e	a	n	c	a	a	s	y	n	d	y	d	g
c	o	g	i	r	v	t	w	i	e	h	b	n	r	i	o	p	l	i	n	o	f	l	a
k	o	i	r	j	u	m	i	r	g	s	n	d	t	f	o	p	n	e	s	f	k	u	p
b	m	r	l	q	i	u	t	g	l	r	n	y	r	g	s	y	b	a	v	o	m	o	g
e	u	l	l	v	h	n	p	a	r	l	w	l	n	i	r	e	l	a	x	u	d	w	e
i	c	s	i	b	o	l	t	w	a	n	p	a	b	e	h	n	e	d	g	r	v	w	b
x	h	e	k	s	p	b	o	w	w	i	v	n	s	t	e	d	k	m	e	o	u	o	f
m	o	w	e	n	e	c	o	m	i	n	c	d	n	o	a	i	e	d	o	w	t	h	s
w	f	a	d	s	s	h	e	r	e	n	t	o	y	v	n	n	e	k	o	n	r	o	i
m	y	h	o	w	a	p	i	a	n	s	y	t	s	e	t	g	n	i	t	y	e	v	t
r	o	v	u	h	n	k	t	a	k	e	m	e	t	o	t	h	e	f	a	i	r	e	g
n	u	o	p	l	k	a	n	i	b	l	s	f	q	u	z	i	k	d	c	l	n	p	v

ANSWER SHEET

FUN IN ACAPULCO

p	t	i	k	j	f	i	s	h	v	i	c	q	u	i	f	g	u	i	l	w	k	f	d	a	b
i	t	h	e	b	u	l	l	f	i	g	h	t	e	r	w	a	s	a	l	a	d	y	e	y	i
s	e	f	e	l	n	q	u	w	n	a	j	s	h	a	c	k	n	o	w	l	i	o	b	r	k
a	y	t	z	e	i	i	t	h	d	p	e	l	n	o	k	b	l	l	e	i	p	a	o	e	i
q	r	i	y	l	n	u	r	b	i	o	k	e	n	d	e	t	k	i	e	l	b	m	t	y	n
r	e	r	l	o	a	n	s	h	n	a	p	a	h	b	o	y	i	n	v	a	c	t	e	o	i
i	m	f	a	l	c	i	n	g	e	n	l	o	r	o	t	o	n	i	v	h	t	d	k	u	a
v	i	s	k	t	a	d	i	l	r	i	c	t	c	a	r	q	j	o	h	a	a	p	i	l	y
k	n	g	e	t	p	e	l	t	o	r	o	i	e	p	j	z	n	e	i	w	x	t	l	m	b
i	d	i	m	a	u	a	i	e	y	e	x	o	s	z	b	a	g	b	o	o	t	s	u	e	r
s	m	r	e	l	l	r	n	t	a	e	e	n	b	i	s	s	l	e	a	r	q	u	o	c	k
l	e	l	a	o	c	h	i	l	m	e	b	c	l	s	o	h	l	a	g	l	u	e	y	t	r
o	t	s	g	n	o	e	g	c	o	t	e	a	o	c	s	a	s	y	d	d	y	a	d	g	s
c	o	g	i	r	v	t	w	i	r	h	b	b	r	i	o	s	l	i	n	a	f	i	l	a	p
k	o	i	y	o	u	c	a	n	t	s	a	y	n	o	i	n	a	c	a	p	u	l	c	o	a
b	m	r	l	q	i	u	t	g	l	r	t	y	r	g	s	y	b	n	v	o	m	g	o	g	s
e	u	l	l	v	h	n	p	a	r	l	i	l	n	i	r	e	l	a	o	u	d	o	w	e	s
i	c	s	i	b	o	l	t	w	a	n	r	a	b	e	h	n	e	d	g	v	v	n	w	b	t
x	h	e	k	s	p	b	o	w	w	i	e	n	s	t	e	d	k	m	e	o	u	r	o	f	y
m	o	w	e	n	e	c	o	m	i	n	u	d	n	o	a	i	e	d	o	w	t	t	h	s	p
w	f	a	i	t	h	i	n	k	i	m	g	o	n	n	a	l	i	k	e	i	t	h	e	r	e
m	y	h	o	w	a	p	i	a	n	s	r	t	s	e	t	g	n	i	t	y	e	b	v	t	c
r	o	v	u	h	n	k	z	q	u	e	a	e	t	o	s	m	o	c	h	i	r	k	e	g	o
n	o	r	o	o	m	t	o	r	h	u	m	b	a	i	n	a	s	p	o	r	t	s	c	a	r

Printed in Great Britain
by Amazon